BEI GRIN MACHT SICH IHR WISSEN BEZAHLT

- Wir veröffentlichen Ihre Hausarbeit, Bachelor- und Masterarbeit

- Ihr eigenes eBook und Buch - weltweit in allen wichtigen Shops

- Verdienen Sie an jedem Verkauf

Jetzt bei www.GRIN.com hochladen und kostenlos publizieren

Bibliografische Information der Deutschen Nationalbibliothek:

Die Deutsche Bibliothek verzeichnet diese Publikation in der Deutschen Nationalbibliografie; detaillierte bibliografische Daten sind im Internet über http://dnb.d-nb.de/ abrufbar.

Dieses Werk sowie alle darin enthaltenen einzelnen Beiträge und Abbildungen sind urheberrechtlich geschützt. Jede Verwertung, die nicht ausdrücklich vom Urheberrechtsschutz zugelassen ist, bedarf der vorherigen Zustimmung des Verlages. Das gilt insbesondere für Vervielfältigungen, Bearbeitungen, Übersetzungen, Mikroverfilmungen, Auswertungen durch Datenbanken und für die Einspeicherung und Verarbeitung in elektronische Systeme. Alle Rechte, auch die des auszugsweisen Nachdrucks, der fotomechanischen Wiedergabe (einschließlich Mikrokopie) sowie der Auswertung durch Datenbanken oder ähnliche Einrichtungen, vorbehalten.

Impressum:

Copyright © 2015 GRIN Verlag
Druck und Bindung: Books on Demand GmbH, Norderstedt Germany
ISBN: 9783668647688

Dieses Buch bei GRIN:

https://www.grin.com/document/413998

Alessa Jaumann

Kräftigendes Ganzkörpertraining. Die Planung eines Workout-Kurses

GRIN Verlag

GRIN - Your knowledge has value

Der GRIN Verlag publiziert seit 1998 wissenschaftliche Arbeiten von Studenten, Hochschullehrern und anderen Akademikern als eBook und gedrucktes Buch. Die Verlagswebsite www.grin.com ist die ideale Plattform zur Veröffentlichung von Hausarbeiten, Abschlussarbeiten, wissenschaftlichen Aufsätzen, Dissertationen und Fachbüchern.

Besuchen Sie uns im Internet:

http://www.grin.com/

http://www.facebook.com/grincom

http://www.twitter.com/grin_com

Deutsche Hochschule für
Prävention und Gesundheitsmanagement
Hermann Neuberger Sportschule 3
66123 Saarbrücken

Einsendeaufgabe

Fachmodul: Gruppentraining 3

Studiengang: Bachelor of Arts Fitnesstraining

Datum
Präsenzphase: 02.11.2015 – 05.11.2015

Name, Vorname: Jaumann, Alessa

Studienort: **Frankfurt Eschborn**

Semester: **WS 2013**

Inhaltsverzeichnis

1 PLANUNG EINES WORKOUT-KURSES 3

   1.1 Schwerpunkt des Kurses 4

   1.2 Verwendete Musik 4

   1.3 Stundenverlauf 6

2 LITERATURVERZEICHNIS 15

3 ABBILDUNGS- UND TABELLENVERZEICHNIS 15

4 ABBILDUNGSVERZEICHNIS 15

   4.1 Tabellenverzeichnis 15

1 Planung eines Workout-Kurses

Ziel der nachfolgenden Arbeit ist die Erstellung einer vollständigen Unterrichtsplanung eines ausgewählten kraftorientierten Gruppentrainingsangebots, dem Workout-Angebot. „ Ein Workout- Kurs ist eine abwechslungsreiche Kräftigungsgymnastik unter Traineranleitung mit oder ohne Einsatz von Kleingeräten zu animativer Musik. Das Workout spricht gleichermaßen große Muskelgruppen in Ganzkörperübungen und ausgewählte Muskelgruppen in Isolationsübungen an." (Reiß & Eifler, 2015)
Im Folgenden werden vorherrschenden Rahmenbedingungen zur Erstellung der Workout-Angebotes tabellarisch dargestellt.

- **Externe Bedingungen:** Abgetrennter Gymnastikraum von ausreichender Größe und Ausstattung
- **Zielgruppe:** 16 Personen, gemischt männlich und weiblich, Alter 19-56 Jahre. Keine gesundheitlichen Einschränkungen. Alle Teilnehmer sind gut belastbar und gut trainierbar.
- **Kurslevel:** Einsteiger. Alle Teilnehmer besuchen seit ca. zwei Monaten regelmäßig einmal pro Woche die Kursstunde
- **Allgemeine Zielsetzung:** Verbesserung der Kraftausdauerleistung der Hauptmuskelgruppen
- **Inhalte:** Gymnastische Übungen für alle Hauptmuskelgruppen (Ganzkörperkräftigung) ohne Verwendung von Kleingeräten. Ausschließlich Gymnastikmatten dürfen eingesetzt werden!
- **Dauer:** 45 Minuten

Tab.1: Detaillierte Beschreibung Kursraum und benötigtes Material

Kursraum	• 136m² nutzbare Bodenfläche (8m lang 17m breit) • rechteckig
Ausstattung	• Musikanlage mit 4 Boxen vorhanden • Lichtanlage vorhanden • Spiegel sowohl vorne als auch hinten • seitlich 8 Fenster • Vor der Spiegelfront Podest (2m×8m) für den Gruppentrainer • 50 Matten • Lüftung im kompletten Kursraum • Kursraum kann durch Spiegelwand getrennt werden
Benötigtes Material	• Gymnastikmatte • Trinkflaschen • Handtücher • bequeme Sportkleidung • gutes Schuhwerk (Dämpfung, Beweglichkeit)

1.1 Schwerpunkt des Kurses

Bei der auserwählten kraftorientierten Kurseinheit handelt es sich um ein Workout-Angebot d.h um ein kräftigendes Ganzkörpertraining. Der Schwerpunkt der Kurseinheit liegt auf der Kräftigung der Hauptmuskelgruppen. Zudem übernimmt das Üben und Kontrollieren bzw. Erlernen der eigenen Körperstabilisierung eine wichtige Rolle der geplanten Kurseinheit. Es werden Übungen zur Ganzkörper- und Rückenkräftigung durchgeführt, sowie klassische Bein- und Bauchübungen. Stabilisationsübungen dienen in dieser Kurseinheit der Haltungsstabilisierung bzw. dem Training der Haltemuskulatur, welche sich aus der geraden Bauchmuskulatur, dem großen-, mittleren- und dem kleinen Gesäßmuskel, dem Oberschenkelbindenspanner, den Schulterblattstabilisatoren und der medial und lateral gelegenen Rückenstreckmuskulatur zusammensetzt.

1.2 Verwendete Musik

Die richtige Musikauswahl ist einflussnehmend auf den Erfolg der Trainingseinheit, da ein Workout-Kurs von der Motivation des Gruppentrainers und der Gruppenatmosphäre lebt ((Reiß & Eifler, 2015). Die Stilrichtung der gewählten Musik sollte sich am Gruppenklientel orientieren. Es soll großen Wert auf flüssige Übergänge der einzelnen Musikstücke gelegt werden, insbesondere im Warm-up, um unnötige Pausen während der Bewegungen zu vermeiden. Im Haupt- bzw. Kräftigungsteil wird mit Beatzahlen beginnend bei 100 bis 120 gearbeitet. Es ist möglich mithilfe der Bewegungsausführung auf 2 Zählzeiten und somit zu höheren Beatzahlen zu arbeiten. Der Rhythmus des Warm-ups wirkt somit auf den Rhythmus im Kräftigungsteil ein und kann übernommen werden. Der Schlussteil sollte sich sowohl inhaltlich, als auch musikalisch vom restlichen Kursverlauf abheben. Die Musikrichtung sollte hier melodiös oder sogar meditativ gewählt werden.

Die Musik des im Folgenden geplanten Workout-Kurses befindet sich im Bereich von 100 bis 120 Beats per minute. Angefangen bei der Einleitung, welche ohne Musik stattfindet, über die allgemeine Erwärmung mit einer Beatzahl von 125 bpm und die spezielle Erwärmung unter einer Beatzahl von 120bpm. Der Hauptteil übernimmt den Rhythmus der speziellen Erwärmung, auch hier wird Musik mit einer Beatzahl von 120 bpm verwendet. Der Cool Down II gestaltet sich etwas langsamer bei Musik zwischen 120 und 100 bpm, jedoch ohne Beat.

Zu gute Letzt der Abschluss, welcher wie die Einleitung ohne musikalischen Hintergrund absolviert wird.

Tab.2: Verwendete Musik

Phase	Grundrhythmus (Beatzahl)
Einleitung	Ohne Musik
Allgemeines Erwärmung	125 bpm
Spezielle Erwärmung	120 bpm
Hauptteil	100-120 bpm (116 bpm in geplanter Kurseinheit)
Cool Down II	100-120 bpm ohne beat
Abschluss	Ohne Musik

1.3 Stundenverlauf

Tab.3: Stundenverlauf Einleitung und allgemeine Erwärmung

Einleitung (ca. 1 Minute/ ohne Musik)		
Allgemeine Erwärmung (ca. 4 Minuten / Musik 125 bpm) **Ziele: Mobilisation der großen Gelenke, Anregung der Nervenleitgeschwindigkeit, Vorbereitung der Herz-Kreislaufsystems, mentale Einstimmung auf die Stunde**		
Beinbewegung/ Ziel der Übung	**Arm- und Oberkörperbewegung / Ziel der Übung**	**Hinweise /Kommentare**
		Blockaufstellung, Teilnehmer bzw. deren Matten sind auf Lücke platziert **Lineare Progression**
Mehr als hüftbreiter Stand, Beine beugen und strecken - **Herz-Kreislauf Einstimmung**		Schritt wird eingeführt; Mobilisation
Mehr als hüftbreiter Stand, Beine beugen und strecken - **Herz-Kreislauf Einstimmung**	Schulter kreisen - Mobilisation Schultergelenk	Schritt bleibt, Armbewegung kommt dazu
Side to side - **Mobilisation Fußgelenk**	Schulter kreisen - Mobilisation Schultergelenk	Armbewegung bleibt, Schritt verändert sich
Side to side - **Mobilisation Fußgelenk**	Push front - Mobilisation Brust-/ Schultergürtel	Schritt bleibt, Armbewegung ändert sich
Leg curl re. / li. - **mentale Einstimmung**	Push front - Mobilisation Brust-/ Schultergürtel	Armbewegung bleibt, Schritt verändert sich
Leg curl re. / li. - **mentale Einstimmung**	Biceps curl - Erwärmung Armmuskulatur	Schritt bleibt, Armbewegung ändert sich
Knee lift re./ li. - **Leistungsbereitschaft erhöhen**	Biceps curl - Erwärmung Armmuskulatur	Armbewegung bleibt, Schritt verändert sich
Knee lift re. / li. - **Leistungsbereitschaft erhöhen**	Bewegung des „Schulterdrückens" ohne Kleingeräte - Erwärmung Schultermuskulatur	Schritt bleibt, Armbewegung ändert sich
March re. / li. - **Erhöhung Temperatur**	Bewegung des „Schulterdrückens" ohne Kleingeräte - Erwärmung Schultermuskulatur	Armbewegung bleibt, Schritt verändert sich
March re. / li. - **Übergang spezielles Warm-up**	Walking arms - Übergang spezielles Warm-up	Schritt bleibt, Armbewegung ändert sich

Tab.4: Stundenverlauf spezielle Erwärmung

	Spezielle Erwärmung (ca.4 Minuten / Musik 120 bpm)		
	Ziel: Vorbereitung der im Hauptteil beanspruchten Muskulatur durch Mobilisation & Pre-Stretch		
Muskelgruppe und Übungsname/ Ziel der Übung	Ausgangsstellung und Übungsdurchführung	Belastungsgefüge	Hinweise/ Kommentare
Squat - Vorbereitung auf den Hauptteil	<u>Ausgangsstellung</u>: Beine im Hüftgelenk gerade bis leicht außenrotiert, hüftbreit aufgestellt <u>Übungsdurchführung</u>: Bei dynamischer Ausführungen werden Kniegelenke bis ca. 100° gebeugt und wieder gestreckt	8 × 2ZZ tief, 2 ZZ hoch - 32ZZ	- Gesäß bei exzentrischer Bewegung nach hinten schieben ‚auf Stuhl setzen' - Knie in Richtung Fußspitzen - Rücken gerade - Bauchspannung
Side to side - Übergang Pre-Stretch		16 ZZ	
*side to side; zur rechten Seite	<u>Ausgangsstellung</u>: Side to Side mit Blick nach vorne <u>Übungsdurchführung</u>: Oberkörper, Hüfte und Beine drehen im 45° Winkel zur rechten Seite; Side to Side Bewegung wird weiter geführt. Schrittstellung -> rechtes Bein vorne, linkes hinten. rechter Fuß von Ferse zu Zehen abrollen, linke Fußspitze tippt auf. Rückwärts: linken Fuß nach Tap von Zehen zu Ferse abrollen, rechte Ferse tippt auf.	15- 20 Sekunden	- Übergang zum Pre-Stretch - Füße bewusst abrollen - Oberkörper aufgerichtet - Arme der Bewegung entsprechend nach oben vorne und hinten unten mitnehmen
Dehnung re. Beinrückseite	<u>Ausgangsstellung</u>: re. vorderes Bein wird gestreckt, linkes Bein wird gebeugt; Arme gestreckt seitlich an den Ohren vorbei <u>Übungsdurchführung</u>: Bei dynamischer Ausführung wird das linke hinten stehende Bein leicht gebeugt, als würde man sich auf einen Stuhl nach hinten	15 – 20 Sekunden	- Fußspitze des rechten Beines anziehen - Oberkörper gerade halten - Bauchspannung

			setzen wollen und wieder gestreckt
Dehnung linker Hüftbeuger	Ausgangstellung: Schrittstellung; linkes Bein wird gebeugt und Richtung vorderes rechtes Bein gezogen, Becken nach vorne ‚klappen' – Entlordosierung der Lendenwirbelsäule Übungsdurchführung: Becken in Ausgangstellung dynamisch nach vorne und hinten kippen	15-20 Sekunden	
Mobilisation der Wirbelsäule	Ausgangstellung: Squatposition, Hände auf Oberschenkeln abgestützt Übungsdurchführung::Dynamische Ausführung, Katzenbuckel' Hände auf Oberschenkel aufstellen, Rücken rundmachen und nach oben schieben, Kopf dabei hängen lassen; Danach Rücken durchstrecken, Kopf dabei anheben in Verlängerung der Wirbelsäule	15-20 Sekunden	- Beim Rundmachen Bauchnabel zur Wirbelsäule ziehen - Bewegung an die Atmung anpassen
Dehnung rechter Hüftbeuger	Ausgangstellung: Schrittstellung; rechtes Bein wird gebeugt und Richtung vorderes linkes Bein gezogen, Becken nach vorne ‚klappen' – Entlordosierung der Lendenwirbelsäule Übungsdurchführung: Becken in Ausgangstellung dynamisch nach vorne und hinten kippen	15-20 Sekunden	
Dehnung linke Beinrückseite	Ausgangsstellung: linkes vorderes Bein wird gestreckt, rechtes Bein wird gebeugt; Arme gestreckt seitlich an den Ohren vorbei Übungsdurchführung: Bei dynamischer Ausführung wird das rechte hinten stehende Bein leicht gebeugt, als würde man sich auf einen Stuhl nach hinten setzen wollen und wieder gestreckt	15- 20 Sekunden	- Fußspitze des linken Beines anziehen - Oberkörper gerade halten - Bauchspannung

Dehnung der Schultermuskulatur	Ausgangstellung: hüftbreiter Stand, Knie Leicht gebeugt Übungsdurchführung: Ein Arm nach vorne austrrecken, andere Hand greift unter ausgestrecktem Arm an dessen Schulter, ausgestreckter Arm zieht zur entgegengesetzten Schulter, Druck auf Schulter des ausgestreckten Arms	15 Sekunden je Seite
Dehnung der Brustmuskulatur	Ausgangstellung: hüftbreiter Stand; Oberkörper aufgerichtet Übungsdurchführung: Arme seitlich im rechten Winkel abspreizen; Oberarme parallel zum Boden, Arme nach hinten führen und wieder nach vorne zusammen, „Butterfly"- Übung	15 Sekunden je Seite - Schulterblätter zusammen bringen - Bauch und Gesäß anspannen

Übergang zum Hauptteil

Tab.5: Stundenverlauf Hauptteil

Phase: Hauptteil ca. 25 Minuten

Ziel der Übung	Übungsbezeichnung der Übung /Name	Übungsbeschreibung	Belastungsgefüge	Bemerkungen/ Hinweise
Beine: Kräftigung der Oberschenkelmuskulatur **M.gluteaus maximus** **M.quadriceps femoris** **M.biceps femoris** **M. semimembranosus** **M.semitendinosus**	Kniebeuge	Ausgangstellung: Beine im Hüftgelenk gerade bis leicht außenrotiert Übungsdurchführung: Bei dynamischer Ausführung werden die Knie bis ca. 100° gebeugt, anschließend wieder gestreckt	Dynamisch 2-3 × 24 Wdh (1 Satz 3×32ZZ) 2ZZ hoch 2ZZ tief Statisch 1× 8ZZ je Seite	- Gesäß bei exzentrischer Bewegung nach hinten schieben, als würde man sich auf einen Stuhl setzen - Knie Richtung Fußspitzen - Rücken gerade - Bauchspannung - Knie bleiben in Endposition leicht gebeugt
Beine: Kräftigung der Oberschenkelmuskulatur **M.gluteaus maximus** **M.quadriceps femoris** **M.biceps femoris**	Sumo- Kniebeuge	Ausgangstellung: Füße etwas breiter als hüftbreit, 45° nach außen gedreht; Haände in die Hüfte Übungsdurchführung: Gesäß nach hinten unten absenken bis Oberkörper	Dynamisch 3 × 24 Wdh (1 Satz 3×32ZZ) 2ZZ hoch 2ZZ tief Statisch nach jedem Satz 16ZZ	- Oberkörper aufrecht - Bauch und Gesäß fest anspannen - Gesäßmuskeln beim Aufrichten anspannen

M. adductor		schenkel fast parallel zum Boden; Beim Aufrichten Knie leicht gebeugt lassen		- Blick geradeaus
Kräftigung der Rücken-, Gesäß- und ischiocruralen Muskulatur	**Dynamisches Beckenheben**	<u>Ausgangsstellung:</u> Rückenlage, Beine angewinkelt aufgestellt, Fersen ca. unterhalb des Kniegelenks <u>Übungsdurchführung:</u> Becken anheben in vollständige Streckung bis Oberkörper und Beine eine Linie bilden & absenken bis kurz vor Bodenberührung	Dynamisch 1 × 24 Wdh. Beide Beine aufgestellt 1 × 24 je Seite 1 Bein angewinkelt	- Gesäß anspannen - Arme und Schultern liegen locker auf - Variation: Ein Bein im 90° Winkel anwinkeln und halten, Becken heben und senken
Kräftigung der geraden und schrägen Bauchmuskulatur	**Criss-Cross**	<u>Ausgangsstellung:</u>Rückenlage, beide Beine im rechten Winkel aufstellen. Beide Arme schulterbreit geöffnet nach hinten ausgestreckt <u>Übungsdurchführung:</u> Oberkörper, Kopf und Arme langsam anheben. Ein Bein beugen, mit der gegenüberliegenden Hand das gebeugte Knie berühren. Anschließend wieder strecken zurück in die Ausgangshaltung und Seitenwechsel	3 × 24 Wdh.	- unterer Rücken fest am Boden - Bauch anspannen - Faustbreit zwischen Kinn und Brust - Blick zur Decke
Kräftigung der seitlichen Rumpfmuskulatur	**Taillenwippe rechte Seite**	<u>Ausgangsstellung:</u> rechte Seitlage, rechte Ellenbogen stützt auf, linker Arm liegt auf linkem Oberschenkel, Beine sind lang gestreckt und die Füße angezogen <u>Übungsdurchführung:</u> Körper vom Boden abheben, soadss Kopf, Oberkörper, Hüfte und Beine eine Linie bilden, Hüfte dann ein wenig senken ohne den Boden zu berühren und wieder strecken	2 × 24 Wdh dynamisch 1 × 16ZZ statisch	- Eine Linie bilden. Kopf, Oberkörper, Hüfte und Beine! - Bauch, Po und Rücken anspannen - Kopf in Verlängerung der Wirbelsäule
Kräftigung der tiefliegenden Muskeln (tiefe Rücken- und Bauchmuskeln sowie Hüft- und	**Planke**	<u>Ausgangsstellung:</u> Bauchlage, in den Unterarmstütz. Unterarme schulterbreit auflegen, Finger zei-	2 × 24 Wdh. 1× statisch halten 16ZZ	- Ausatmen: Bauchspannung aktivieren und Nacken lang machen

			- Blick zum Boden - Körper parallel zum Boden halten
		gen nach vorn, Füße aufstellen, Schultern befinden sich über den Ellenbogen **Übungsdurchführung:** Beim Einatmen Körper gerade nach vorne schieben, sodass die Schultern nun etwas vor den Ellenbogen stehen. Mit dem Ausatmen den Körper wieder nach hinten schieben und Schulter hinter die Ellenbogen bringen	
Kräftigung der Brustmuskulatur M. pectoralis major M. deltoideus M. triceps brachii	**Liegestütz auf den Knien**	**Ausgangsstellung:** Vierfüßlerstand, Hände leicht nach innen gedreht, Hüftgelenk ein wenig gebeugt; angewinkelte Kniegelenke stützen hinter dem Becken auf dem Boden auf **Übungsdurchführung:** Ellenbogen werden gebeugt bis der Oberkörper nur noch knapp über em Boden ist; dann wieder in Ausgangsstellung	2× 24 Wdh. 2 ZZ tief 2 ZZ hoch	- Blickrichtung Boden - Kopf in Verlängerung der Wirbelsäule - Bauchnabel Richtung Wirbelsäule ziehen (Bauchspannung) - Gesäß und unteren Rücken anspannen - **Variation:** gestreckte Beine, Füße auf Ballen aufgestellt
Kräftigung der Rücken-, Gesäß- und ischiocruralen Muskulatur Mm. erector spinae M. gluteus maximus M. semimembransosus M. semitendinosus M. biceps femoris	**Streckung im Vierfüßlerstand**	**Ausgangsstellung:** Vierfüßlerstand, ein Arm & gegengleich Fuß werden ausgestreckt, Ferse,Gesäß, Rücken und Arm bilden waagrechte Linie **Übungsdurchführung:** Ganz lang machen, Arm zieht nach vorne, Fuß nach hinten; Gesäß anspannen, dann gestreckten Ellenbogen & gestrecktes Knie unterm Bauch zusammen führen; Ellenbogen-Knie-Kontakt kurz halten	2× 24 Wdh.	- Ferse, Gesäß, Rücken und Arm eine Linie - Kopf in Verlängerung der Wirbelsäule - Überstreckung vermeiden - Blick Richtung Boden - Bauchspannung
Körperstabilisationsübung + Kräftigung oberer Rücken	**Liegestützposition mit einarmigem Rudern**	**Ausgangstellung** Handflächen auflegen, Finger gespreizt, Handgelenke, Ellenbogen und Schultergelenk	2-3 × 16ZZ statisch Halten	- Kopf in Verlängerung der Wirbelsäule - Blickrichtung Boden

Kräftigung der Rückenmuskulatur; rückseitige Rumpfmuskulatur Mm. erector spinae M. Latissimus Dorsi M. Gluteus Maximus M. deltoideus pars spinata M. trapezius M. Bizeps Femoris	Arm- und Beinheben in Bauchlage	bilden eine Linie Füße hüftbreit aufgestellt, Körper gerade halten Übungsdurchführung: Eine Hand vom Boden abheben, Ellenbogen nah am Körper vorbei nach hinten oben führen Ausgangsposition: Bauchlage Übungsdurchführung: Arme ausgestreckt nach vorne; Arme und Beine vom Boden abheben Dynamisch: wechselseitiges Wippen der diagonalen Extremitären	Dynamisch 2-3 × 24 Wdh. 2ZZ hoch 2 ZZ tief Wechselseitig Statisch 2 × 8ZZ halten Arme und Beine zusammen anheben	- Bauchnabel zur Wirbelsäule ziehen - Gesäß und unteren Rücken anspannen - Faust bilden - Schulterblätter aktiv zusammenziehen - Schulter stabil lassen, Absinken vermeiden - Bewegungsbegrenzung: Faust Richtung Rippen ziehen - Bauch anspannen - Schultern nach hinten unten ziehen - Gesäß anspannen
Kräftigung der Bauchmuskulatur	Beckenanheben	Ausgangsstellung: Rückenlage, Beine nach oben ausstrecken, ca. 90° Hüftwinkel, Arme mit Handflächen nach unten seitlich am Körper Übungsdurchführung: Becken ca. 5cm vom Boden anheben und langsam senken, als würde jemand die Beine an den Füßen hochziehen wollen		- Bauchspannung - unteren Rücken gegen Auflagen drücken wollen - Ohne Schwung! nur mit Kraft aus dem Bauch
Kräftigung der Bauchmuskulatur	Halber Käfer	Ausgangsstellung: Rückenlage, Oberkörper wird angehoben, Hände nach vorne schieben Übungsdurchführung: Im Wechsel ein Bein gebeugt, anderes gestreckt		- langsames Tempo - vollständige Beinstreckung - Kinn Richtung Brust, eine faustbreit - Schultern nach hinten ziehen

Tab.6: Stundenverlauf Cool Down II
Phase: Cool Down II ca. 4 Minuten

Ziel der Übung	Übungsbezeichnung /Name der Übung	Übungsbeschreibung	Belastungsgefüge	Bemerkungen/ Hinweise
Dehnung unterer Rücken	Unterrücken	Ausgangsstellung: Bequem auf der Matte hinsetzen und die Beine von innen mit den Armen umschließen Übungsdurchführung: Mit den Armen die Brust Richtung Boden ziehen	8-10 Sekunden	- Lendenwirbelsäule gegen Auflage drücken
Dehnung Beine, Waden und Po **m. ischiocrurales** **m. gluteaus maximus** **m. gastrocnemius**		Ausgangsstellung: Rückenlage auf dem Boden Übungsdurchführung: Bein senkrecht nach oben, mit den Händen umfassen und zum Körper heranziehen	8-10 Sekunden	- anderes Bein ausgestreckt am Boden - unteren Rücken aktiv gegen Boden drücken
Dehnung der Oberschenkelvorderseite **M. quadriceps femoris** **M. sartorius**		Ausgangsstellung: Vorder Fuß ist auf dem Boden aufgesetzt, Knie gebeugt, hinteres Knie liegt auf Boden auf Übungsdurchführung: Hüfte aktiv nach vorne in die Dehnung bringen, statisch halten	8-10 Sekunden pro Seite	- Oberkörper leicht nach vorne neigen umd Hohlkreuz zu vermeiden
Dehnung Hüftbeuger **m. iliopsoas**		Ausgangsstellung: Vierfüßlerstand Übungsdurchführung: Wirbelsäule zu „Katzenbuckel" beugen und wieder strecken	2× 10 Wdh	- Wirbelsäule aktiv nach oben schieben bzw. rund machen - bewusst in Hohlkreut zur Gegenbewegung
Dehnung Brustmuskulatur		Ausgangsstellung: Vierfüßlerstand, Arme nach vorne strecken und Gesäß nach	8-10 Sekunden	- Arme durchgestreckt - Gesäß Richtung Fersen schieben

	hinten schieben **Übungsdurchführung:** Brust Richtung Boden drücken und Gesäß nach hinten schieben		- aktiver Druck der Hände in den Boden
Dehnung Beinrückseite	**Ausgangsstellung:** Aufrechter Stand, Beine komplett gestreckt **Übungsdurchführung:** Geraden Oberkörper nach vorne neigen, Brust Richtung Knie, Fingerspitzen Richtung Boden	8-10 Sekunden pro Bein	- Beine gestreckt - Wirbel für Wirbel abrollen - Wirbel für Wirbel bzw. langsam aufrollen

Phase: Abschluss ca. 1 Minute ohne Musik
Für Teilnahme Bedanken, Verabschiedung der Teilnehmer, Aufräumen der verwendeten Materialien

2 Literaturverzeichnis

Froböse, P. D. (2014). *Das Muskelworkout Über 100 hocheffiziente Übungen ohne Geräte*. München: Gräfe und Unzer Verlag GmbH.

Reiß, M., & Eifler, C. (2015). *Studienbrief Gruppentraining 3*. Saarbrücken: Deutsche Hochschule für Prävention und Gesundheitsmanagement.

3 Abbildungs- und Tabellenverzeichnis

4 Abbildungsverzeichnis

4.1 Tabellenverzeichnis

Tab.1: Detaillierte Beschreibung Kursraum und benötigtes Material..3
Tab.2: Verwendete Musik...5
Tab.3: Stundenverlauf Einleitung und allgemeine Erwärmung 6
Tab.4: Stundenverlauf spezielle Erwärmung...7
Tab.5: Stundenverlauf Hauptteil...9
Tab.6: Stundenverlauf Cool Down II..13

BEI GRIN MACHT SICH IHR WISSEN BEZAHLT

- Wir veröffentlichen Ihre Hausarbeit, Bachelor- und Masterarbeit
- Ihr eigenes eBook und Buch - weltweit in allen wichtigen Shops
- Verdienen Sie an jedem Verkauf

Jetzt bei www.GRIN.com hochladen und kostenlos publizieren